AF305852

Catéchisme

Musical

Raisonné

par le Chevalier

H. M. BERTON,

Membre de l'Institut, Officier de la légion d'honneur, Inspecteur général
de l'Enseignement, Professeur de Haute composition au Conservatoire R.
de Musique et de Déclamation et Membre de plusieurs Sociétés savantes &.ᵃ

Prix net 4.50

A PARIS, chez S. RICHAULT, Éditeur, Boulevart Poissonnière, 26 au 1.ᵉʳ
Propriété de l'Éditeur

1841

L'AUTEUR au LECTEUR.

Par ma position artistique, au Conservatoire Royal de Musique et de Déclamation depuis l'époque de la fondation de ce Bel Établissement, ayant, par devoir assisté à toutes les Auditions, les Examens, les Concours, les Exercices, qui constituent le cours des études adoptées dans notre École j'ai donc été a portée de pouvoir juger si dans l'ensemble de l'Enseignement, il était quelques parties qui fussent encore susceptibles d'être améliorées et j'ai cru que la partie, que l'on pourrait nommer le Rudiment de l'art musical, et que vulgairement on appelle Solfège, pourrait être traité avec plus de simplicité. Dans la forme seulement, car tous les principes consignés dans nos Méthodes, ont acquis a juste titre une renommée inaltérable. C'est donc cette Charte musicale qui a servi de base au petit travail que j'ai rédigé sous la forme de CATÉCHISME et au quel titre j'ai joint celui de Raisonné, dans l'intention de donner d'avance les réponses à faire aux Pourquoi multipliés des jeunes élèves.

J'ose espérer, que l'on ne pensera pas, que j'ai eu la folle prétention de lutter avec mes célèbres devanciers? non! je n'ai eu d'autre prétention en écrivant ce livre, que d'alléger la peine des Professeurs, et d'être utile à la jeunesse studieuse.

H. BERTON.

CATÉCHISME MUSICAL

RAISONNÉ

Par le Chevalier *H. M. BERTON.*

Membre de l'Institut Royal de France, officier de la légion d'honneur, inspecteur général de l'enseignement, professeur de haute composition au Conservatoire Royal de musique et de déclamation et membre de plusieurs sociétés savantes, etc.

CHAPITRE I.

Demande. Qu'est-ce que la Musique?

Réponse. L'un des beaux-arts, la science ou la langue des sons.

D. Qu'est-ce qu'un Son?

R. Un éffet physique, un bruit appréciable.

D. Y-a-t'il plusieurs Sons différents en Musique?

R. Oui, les Sons *Graves*, les Sons du *Médium* et les Sons *Aigus.*

D. Comment a-t-on classé tous ces Sons différents?

R. Par une nomenclature de Sons consécutifs à laquelle on a donné le nom d'*Echelle musicale* ou *Gamme.*

D. Toute espèce d'échelle ayant des échelons, comment nomme t-on ces échelons musicaux?

R. On les nomme Dégrés et ces Dégrés, au nombre de Sept, forment ce qu'on appelle la *Gamme musicale.*

D. A-t-on une manière de désigner la position respective qu'ils y occupent?

R. Oui, par les titres: 1.er *Dégré* ou *Tonique;* 2.me *Dégré* ou *Sus-Tonique* 3.me *Dégré* ou *Médiante;* 4.me *Dégré* ou *Sous-dominante;*

5. *Dégré* ou *Dominante*; 6. *Dégré* ou *Sus-dominante*; 7. *Dégré* ou *Sensible*. Pour completter la gamme souvent on ajoute un 8. *Dégré* ou *Octave* qui n'est que la répétition à l'8. du 1. ou tonique.

D. Pour distinguer ces dégrés les uns des autres chacun d'eux a-t-il un nom particulier?

R. Oui, le 1. se nomme UT, le 2me RÉ, le 3me MI, le 4me FA, le 5me SOL, le 6me LA et le 7me SI.

D. Les Italiens et les Allemands n'emploient-ils pas une autre dénomination?

R. En Italie notre UT se nomme DO, et en Allemagne on indique les Sept dégrés de la Gamme par les lettres suivantes

C — — — pour — — — UT.
D — — — —— — — — RÉ.
E — — — —— — — — MI.
F — — — —— — — — FA.
G — — — —— — — — SOL.
A — — — —— — — — LA.
H — — — —— — — — SI.

D. Par quelle raison a-t-on adopté de préférence les noms d'UT, RÉ, MI, FA, SOL, LA, SI, aux autres désignations usitées en Allemagne et en Italie?

R. Par la raison qu'ayant dans notre Langue Cinq Voyelles les voix peuvent prendre facilement l'habitude d'emettre les Sons sur chacune d'elles, puisque dans chacun des noms donnés à notre gamme on rencontre une de ces Voyelles.

Ainsi A se trouve dans FA et LA.
E — — — dans RÉ.
I — — — dans MI et SI.
O — — — dans SOL.
U — — — dans UT.

D. L'ordre dans lequel nous avons présenté la Gamme n'est il pas susceptible de changements?

R. En effet, on peut commencer la gamme soit par RÉ, soit par MI, soit par FA, soit enfin par toute autre des sept notes, chacun des degrés ayant la propriété de devenir à son tour premier degré ou tonique.

CHAPITRE II.

D. Comment, en musique, nomme t'on la distance qui sépare un degré d'un autre?

R. Intervalle.

D. Y_a_t'il des Intervalles de différente espèce?

R. Oui.

D. Sont_ils toujours de la même grandeur?

R. Non.

D. Ont_ils un nom propre à indiquer la différence qui existe entr'eux?

R. On appelle les uns *Tons* les autres *Demi_Tons*.

D. Notre échelle Musicale contient elle des tons et des demi_tons?

R. Oui.

D. Par conséquent, on doit en rencontrer dans la gamme?

R. Sans doute. Il faut que dans toute espèce de gamme on trouve toujours, avec les *Tons* et les *Demi_Tons*, la valeur de *Six Tons pleins*.

D. En disant *toute espèce de Gamme* vous donnez à entendre qu'il n'y en a pas qu'une seule?

R. Il y en a deux.

D. Désigne t'on en particulier chacune d'elles?

R. Oui, et par les titres de *Mode Majeur* et *Mode Mineur* il y a la Gamme dans le Mode Majeur et la gamme dans le Mode Mineur.

D. Dites moi maintenant en quoi elles diffèrent?

R. Les demi tons de la gamme, dans le mode majeur, sont placés du 3ᵐᵉ au 4ᵐᵉ degré et du 7ᵐᵉ au 8ᵐᵉ, tandis que ceux de la gamme dans le mode mineur se rencontrent du 2ᵉ au 3ᵐᵉ du 5.me au 6.me, du 7.me au 8.me

D. Tracez moi un tableau numérique des Intervalles de la gamme majeure?

R. En voici un pour cette même Gamme.

Titres des dégrés pour le point de départ.	Titres des dégrés pour le point d'arrivée.	Qualité de l'intervalle qui les sépare.
du 1.er Dégré —	— au 2.me Dégré —	— 1 Ton.
du 2.me — — —	— au 3.me — — —	— 1 Ton.
du 3.me — — —	— au 4.me — — —	— ½ Ton.
du 4.me — — —	— au 5.me — — —	— 1 Ton.
du 5.me — — —	— au 6.me — — —	— 1 Ton.
du 6.me — — —	— au 7.me — — —	— 1 Ton.
du 7.me — — —	— au 8.me — — —	— ½ Ton.
	Total	6 TONS PLEINS

D. Donnez moi aussi un tableau numérique des tons pleins et des demi-tons de la gamme mineure?

R. Voici le tableau pour la gamme mineure.

Titres des dégrés pour le point de départ.	Titres des dégrés pour le point d'arrivée.	Qualité de l'intervalle qui les sépare.
du 1.er Dégré —	— au 2.me Dégré —	— 1 Ton.
du 2.me — — —	— au 3.me — — —	— ½ Ton.
du 3.me — — —	— au 4.me — — —	— 1 Ton.
du 4.me — — —	— au 5.me — — —	— 1 Ton.
du 5.me — — —	— au 6.me — — —	— ½ Ton.
du 6.me — — —	— au 7.me — — —	— 1 et ½ Ton.
du 7.me — — —	— au 8.me — — —	— ½ Ton.
	Total	6 TONS PLEINS.

CHAPITRE III

D. Vous m'avez dit que la musique est une langue particulière, a-t-elle donc un alphabet qui lui soit propre?

R. Oui, les lettres de l'alphabet musical sont des signes particuliers qui par leurs différentes formes servent à représenter les Sons, leur qualité, leur dégré de position, soit au *Grave*, soit au *Médium*, soit à l'*Aigu*, ainsi que la valeur de la durée que l'on veut leur donner.

D. Quels sont ces différents signes, comment les nomme-t-on et comment les représente-t-on?

R. Voici la liste des lettres ou signes de l'alphabet musical, les noms que l'on donne à chacun d'eux et la forme des caractères au moyen desquels on les représente.

1° *Les NOTES.*

Leurs noms _ _ _ _ _ et _ _ _ _ _ Leurs figures

La BRÈVE ou CARRÉE ....

La RONDE ....

La BLANCHE......................

La NOIRE ....

La CROCHE ....

La DOUBLE-CROCHE ....

La TRIPLE-CROCHE ....

La QUADRUPLE-CROCHE ....

La QUINTUPLE-CROCHE ....

2°. La PORTÉE.

3°. Les CLEFS.

Leurs noms _ _ _ _ et _ _ _ _ Leurs figures

CLEF D'UT .... —

CLEF DE SOL .... —

CLEF DE FA .... —

4°. Les SIGNES D'ALTÉRATION.

Leurs noms _ _ _ _ et _ _ _ _ Leurs figures

DIÈZE .... — ♯

DOUBLE-DIÈZE .... — 𝄪

BÉMOL .... — ♭

DOUBLE-BÉMOL .... — ♭♭

BÉCARRE .... — ♮

CHAPITRE IV.

D. Dans quel but à t on crée différentes figures de notes?

R. Dans celui d'indiquer clairement la nature et la durée des sons qu'elles ont été appelées à représenter.

D. Donnez moi un exemple de ces valeurs et de la proportion qu'elles ont entr'elles; que vaut la BRÈVE ou CARRÉE?

R. La BRÈVE ou Carrée......................................

vaut 2 Rondes......................................

ou 4 Blanches......................................

ou 8 Noires......................................

ou 16 Croches......................................

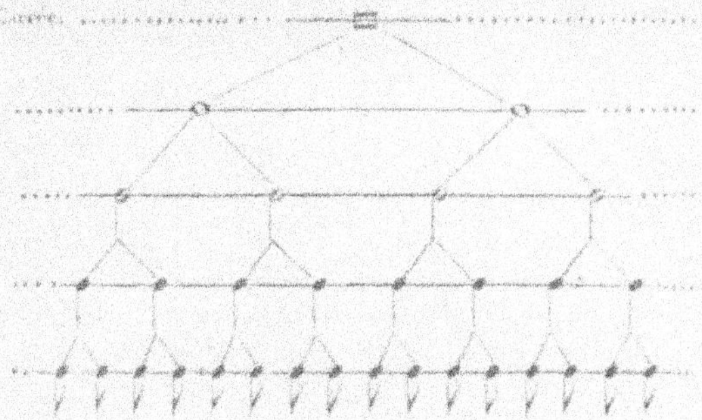

D. Que vaut la RONDE ?

R. La RONDE......................................

vaut 2 Blanches......................................

ou 4 Noires......................................

ou 8 Croches......................................

ou 16 Doubles-croches......................................

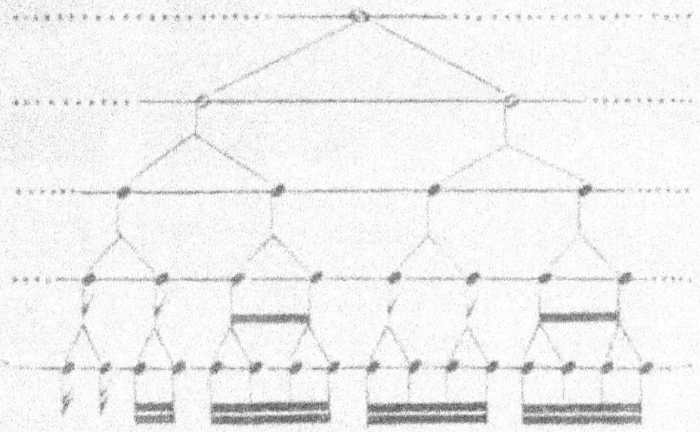

D. Que vaut la BLANCHE ?

R. La BLANCHE......................................

vaut 2 Noires......................................

ou 4 Croches......................................

ou 8 Doubles-croches......................................

ou 16 Triples-croches......................................

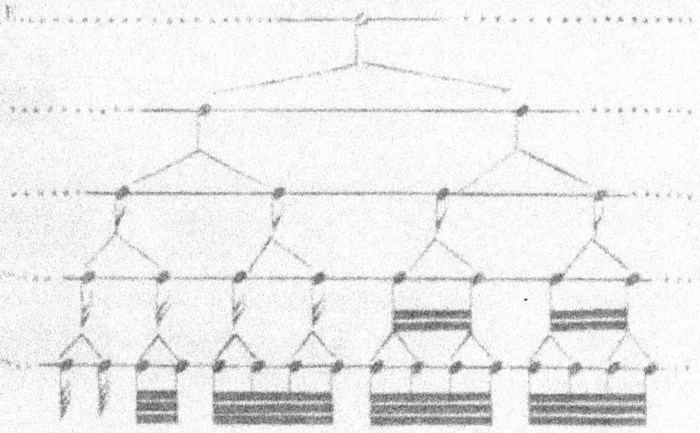

D. Que vaut la NOIRE?

R. La NOIRE.

vaut 2 Croches.

ou 4 Doubles croches.

ou 8 Triples croches.

ou 16 Quadruples croches.

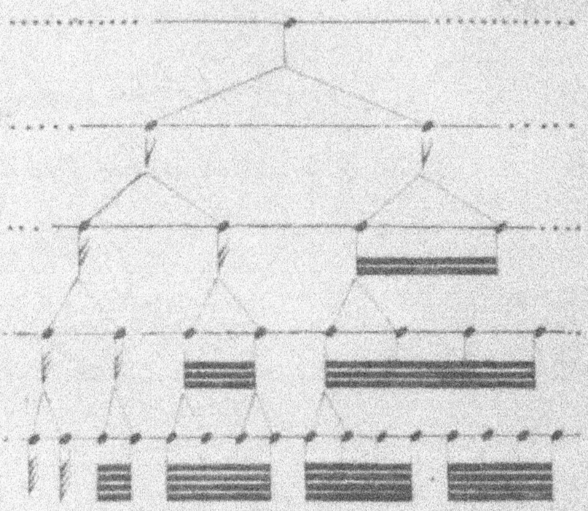

D. Que vaut la CROCHE?

R. La CROCHE.

vaut 2 Doubles croches.

ou 4 Triples croches.

ou 8 Quadruples croches.

ou 16 Quintuples croches.

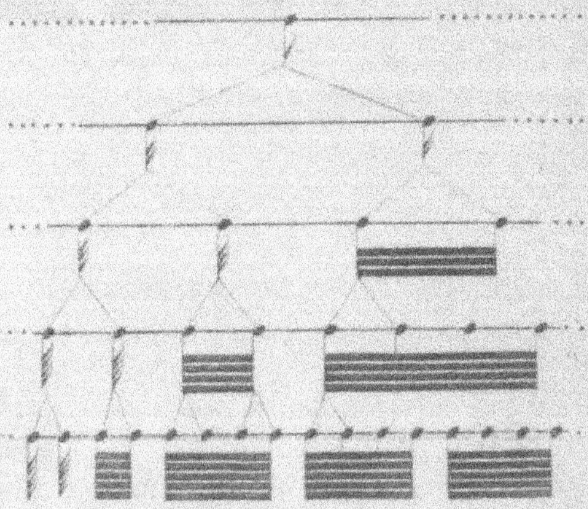

D. Que vaut la DOUBLE CROCHE ?

R. La DOUBLE CROCHE

vaut 2 Triples-croches.

ou 4 Quadruples-croches.

ou 8 Quintuples-croches.

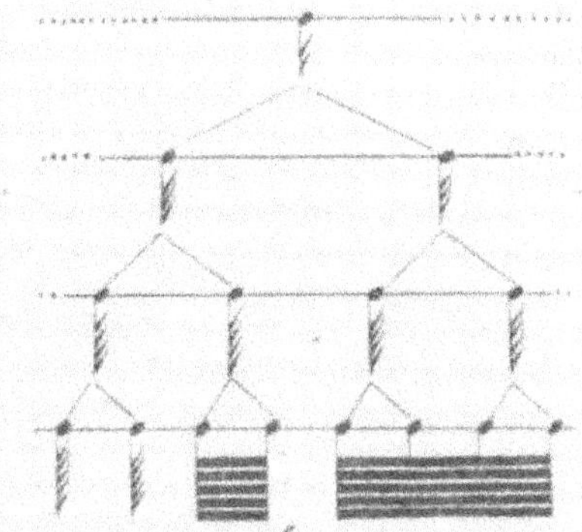

D. Que vaut la TRIPLE CROCHE ?

R. La TRIPLE CROCHE

vaut 2 Quadruples-croches.

ou 4 Quintuples-croches.

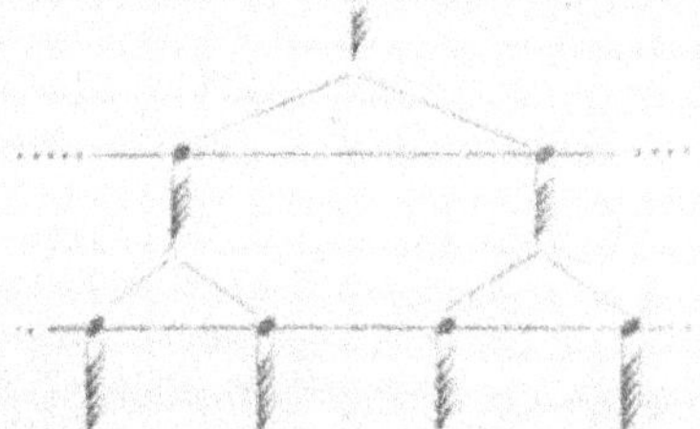

D. Que vaut enfin la QUADRUPLE CROCHE ?

R. La QUADRUPLE CROCHE

vaut 2 Quintuples-croches.

D. Les figures de notes dont on vient de faire connaître les va_
leurs respectives sont elles toutes usitées dans la musique moderne?

R. Oui, à l'exception toutefois de la *Brève* ou *Carrée* qui n'est guè_
re employée que dans la musique ancienne et quelquefois aujour_
d'hui dans la Musique d'église.

D. Le temps comprenant la durée de chacune de ces valeurs est_
il toujours divisé de la même manière?

R. Non: jusqu'à présent nous ne connaissons que la *Division Bi_
naire*, c'est à dire représentant deux unités, il y en a une autre
la division *Ternaire* qui figure trois unités, mais en réalité elle
n'a que la valeur de deux.

D. Quel nom donne l'on à la réunion des trois unités de la di_
vision ternaire?

R. Celui de TRIOLET.

D. Comment indique l'on le Triolet?

R. Par un 3 placé sur les notes grouppées qui le composent.

D. Toutes les différentes valeurs de notes de la division binaire peu_
vent elles aussi bien appartenir à division ternaire?

R. Oui, depuis la brève jusqu'à la quintriple croche.

D. Un Grouppe de 6 notes figurant 4 notes, suivant la double ma_
nière de l'exécuter, ne reçoit il pas plusieurs noms?

R. En effet: lorsqu'on appuie fortement sur la première et la qua_
trième note du Grouppe, il se nomme *Double Triolet* et *Sexto_
let* quand on ne fait point sentir l'accentuation que sur la pre_
mière note.

EXEMPLE.

Double Triolet 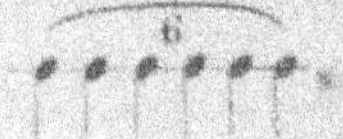 Sextolet

D. Y a-t-il d'autres divisions que celles dont nous venons de
parler?

R. Oui, mais elles sont tellement irregulières qu'on les emploie fort rarement, généralement on les écrit avec de petites notes.

D. De quel moyen se sert on pour les indiquer?

R. De celui employé pour les précédentes; c'est-à-dire en plaçant un *Chiffre indicateur* sur le groupe.

D. Donnez moi un exemple?

R. Groupes de 5 de 7 et de 9 notes pour une.

D. Y a t-il moyen d'augmenter la valeur des notes sans que la forme primitive en soit altérée?

R. Deux nouveaux Signes viennent remplir ce but.

D. Quels sont ils?

R. Le POINT ⋅ et la LIAISON ⌒

D. Précisez en l'emploi?

R. Le Point se place après la note dont il augmente la valeur de moitié.

D. Donnez-moi un exemple?

R.

La Brève pointée	vaut 3 Rondes	
La Ronde pointée	vaut 3 Blanches	
La Blanche pointée	vaut 3 Noires	
La Noire pointée	vaut 3 Croches	
La Croche pointée	vaut 3 Doubles croches	
La Double croche pointée	vaut 3 Triple-croches	
La Triple croche pointée	vaut 3 Quadruples croches	
La Quadruple croche pointée	vaut 3 Quintuples croches	

14

D. N'ajoute t-on pas quelquefois au premier point un second?

R. Oui, et celui là vaut la moitié du premier; de sorte que la note
munie de deux points a en totalité sa valeur augmentée de trois
quarts; c'est ce que l'exemple suivant démontrera.

La Brève pointée deux fois ... v.t 3 rondes et 1 blanche

La Ronde pointée deux f.s ... v.t 3 blanches et 1 noire

La Blanche pointée deux f.s ... v.t 3 noires et 1 croche

La Noire pointée deux f.s ... v.t 3 croches et 1 double croche

La Croche pointée deux f.s ... v.t 3 doubles croches et 1 triple croche

La Double croche pointée deux f.s ... v.t 3 triples croches et 1 quad.ble croche

La Triple croche pointée deux f.s ... v.t 3 quad.bles croches et 1 quint.ble croche

D. Parlez moi de la liaison?

R. La liaison surmonte toujours deux notes et indique que les
deux valeurs de ces mêmes notes sont comprises en une seule.
Voici des exemples:

D. Aussi bien qu'il y a des Signes d'augmentation ou de prolon-
gation, n'y a t-il pas des Signes d'interruption?

R. Oui et on les appelle *Silences*. à la durée d'un Son représentée par une valeur quelconque de note peut succéder la
durée d'interruption ou de repos représentée par une valeur
quelconque de silence.

D. Chaque valeur de silence n'a t-elle pas sa valeur de note équivalente?

R. On pourra s'en rendre compte en jettant un coup d'oeil sur
le tableau ci-après où l'on a indiqué les noms des silences ainsi
que la forme des caractères qui servent à les représenter.

Valeur de SILENCE			Valeur de NOTES
La PAUSE		vaut une	
La DEMI-PAUSE		vaut une	
Le SOUPIR		vaut une	
Le DEMI SOUPIR		vaut une	
Le QUART de SOUPIR		vaut une	
Le 8ᵐᵉ de SOUPIR		vaut une	
Le 16ᵐᵉ de SOUPIR		vaut une	
Le 32ᵐᵉ de SOUPIR		vaut une	

D. On a sans doute la facilité d'augmenter la valeur des silences comme celle des notes?

R. Oui, par le *Point* qui en prolonge la valeur de moitié ou par de *Petites barres* de diverses longueurs que l'on tire sur la portée

CHAPITRE. V.

D. Toutes les figures de notes servent bien, il est vrai, à désigner la variété de durée que l'on peut donner aux sons; mais comme vous m'avez dit que les sons musicaux se classent en Sons graves, en Sons du médium et en Sons aigus, je voudrais connaître le moyen qu'on emploie pour les échelonner chacun d'après son caractère particulier, dans l'ordre qui leur appartient?

R. L'on a inventé une figure composée de cinq lignes horisontales qui a reçu le nom de PORTÉE par la raison qu'elle sert à porter les notes et à les disposer selon leur nature dans un ordre sucessif du grave à l'aigu, on place les notes sur les lignes ou dans les interlignes de la portée.

La ligne du bas est la première.

EXEMPLE.

D. Pourquoi a-t-on imaginé de mettre en dessus et en dessous de la portée de petites lignes appelées *Lignes supplémentaires?*

R. Parceque les Cinq lignes ne suffisant plus pour tous les Sons de l'échelle musicale on a été obligé de trouver un moyen servant a indiquer dans un même ordre soit au Grave soit à l'Aigu les sons qui succèdent à ceux déjà posés sur la portée

EXEMPLE.

D. Comment remédie-t-on à l'inconvénient qui résulterait de l'emploi trop multiplié des lignes supplémentaires?

R. En mettant sur le passage dont la véritable place serait à une octave plus haut ou à une octave plus bas le signe 8^a alta___ ___ou 8^a bassa___ .

D. Place t'on indifféremment tous les silences à tel ou tel endroit de la portée?

R. Non certainement et pour éviter de confondre la *Pause* et la *Demi pause,* on ne doit pas oublier que l'une se met toujours sous la Quatrième ligne et l'autre sur la Troisième.

PAUSE   DEMI-PAUSE

Ex:

D. Indiquez maintenant sur la portée les différentes valeurs de si
lences que vous m'avez dit être représentées par de petites barres
plus ou moins longues.

R.   vaut 2 PAUSES.

                                         vaut 3 PAUSES.

                                         vaut 4 PAUSES.

                                         vaut 5 PAUSES.

                                         vaut 6 PAUSES.

                                         vaut 7 PAUSES.

                                         vaut 8 PAUSES.

CHAPITRE VI.

D. Vous avez dessiné la portée, vous y avez même placé des no_
tes tant sur les lignes qu'entre les lignes, mais rien ne m'a pré_
cisément indiqué dans votre exemple quel Son, quelle Note de tel
ou tel degré de la Gamme était représenté; à t'on quelques autres
signes qui atteignent ce but?

R. Oui, on en a *Trois* appelés CLEFS.

D. Quelles formes et quels noms à t'on donné à ces clefs pour les
désigner entr'elles?

R. On leur a donné le nom de *Tonique*, de *Sous_dominante* et
de *Dominante* de la Gamme naturelle qui est celle d'UT. D'a_
près ce principe il y a la *Clef d'ut* dont voici la forme, la
Clef de Fa que l'on représente ainsi 9: et la *Clef de Sol* que
l'on figure de cette manière .

D. Comment fait on usage de ces *Clefs*.

R. On les pose sur certaines lignes de la *Portée* et elles donnent leurs noms aux notes qui viennent se placer sur ces lignes. Par ex. la CLEF D'UT se pose sur la Première, la Seconde la Troisième ou sur la Quatrième ligne.

EXEMPLE.

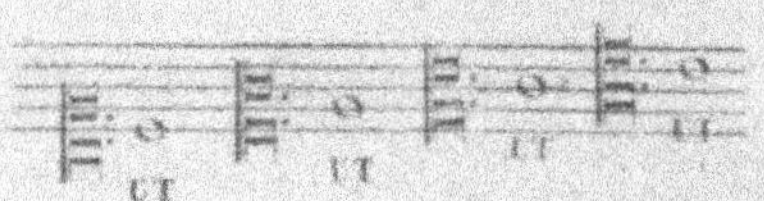

La Clef de FA se pose sur la Quatrième et Troisième ligne.

EXEMPLE.

La Clef de SOL se pose sur la Deuxième et Première ligne.

EXEMPLE.

D. Les notes placées sur la ligne où se trouve la Clef recevant leurs noms de celle-ci, comment reconnaître ensuite ceux des notes qu'on rencontre sur les autres lignes et interlignes de la portée?

R. Rien n'est plus simple, en suivant l'ordre de dénomination tel qu'il est présenté dans la gamme naturelle d'UT soit en montant soit en descendant.

D. Citez moi les gammes ascendantes ou descendantes à partir du premier dégré jusqu'au septième?

R. Voici un tableau dans lequel sont indiquées par des rondes la *Sous-dominante* et la *Dominante* de la gamme naturelle pour rappeler le rang qu'elles tiennent à l'égard des autres dégrés.

D. Comment ferez vous une gamme mineure de la gamme qui a pour tonique RE?

R. Dans celle qui a pour tonique Ré, la position du premier demi-ton est conforme au modèle, mais pour obtenir un demi-ton également entre le 7me et le 8.me degré, il faudra poser un dièze devant l'ut.

EXEMPLE.

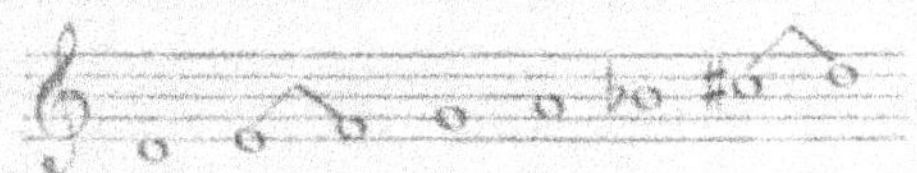

D. Le modèle des gammes, dans le mode mineur, est il toujours tel que vous nous l'avez présenté?

R. Non, il est accepté aussi de cette manière.

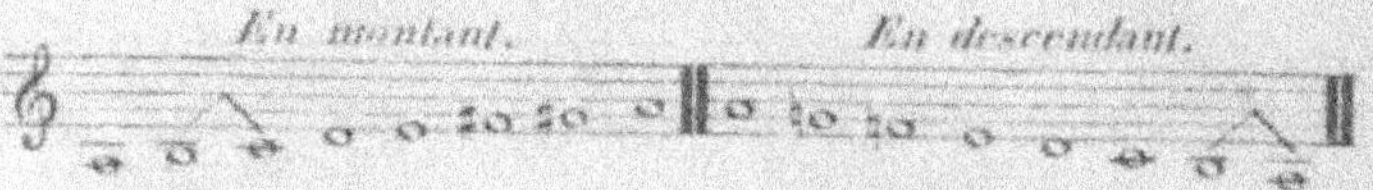

La position du premier demi-ton n'est point changée dans ce nouveau modèle, ce qu'il y a de particulier c'est qu'entre le 6.me et le 7.me dégré il ne se trouve pas plus de ton (le fa ayant été haussé) et qu'en descendant on détruit les deux signes d'altération qui haussaient les notes.

D. Les notes qui ont été bémolisées ou diezées peuvent elles devenir tonique de nouvelles gammes soit dans le mode majeur soit dans le mode mineur?

R. Certainement, aussi bien qu'on commence par UT, par RÉ, par MI, par FA etc. on peut commencer par UT DIÈZE, par RÉ DIÈZE, par FA DIÈZE, par MI BÉMOL, par LA BÉMOL, par SI BÉMOL etc.

D. Pour désigner la Gamme qui a sa tonique sur l'un des sept dégrés se sert on toujours des mêmes expressions?

R. Par exemple: tantot on dit Gamme de Ré majeur ou dans le mode majeur ou bien encore Ton de ré majeur.

D. N'eut il pas été difficile d'éviter la confusion si l'on avait voulu placer dans chaque gamme des signes d'altération devant les notes qui auraient demandé à être haussées ou à être baissées?

R. C'est pourquoi l'on a un procédé beaucoup plus simple et qui consiste à les réunir et à les poser à coté l'un de l'autre près de la clef.

D. Dans quel ordre?

R. Les diézes, de cinq dégrés en cinq dégrés en montant ainsi qu'il suit:

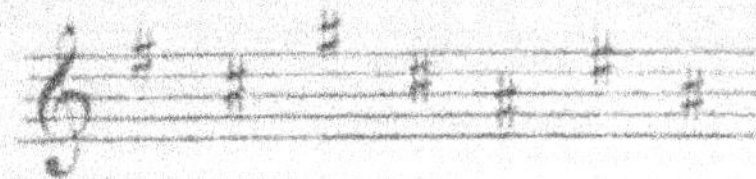

D. Et les bémols?

R. De cinq dégrés en cinq dégrés en descendant

D. Une qualification particulière n'est elle pas donnée aux signes d'altération qui sont à la clef?

R. Les signes d'altération placés à la clef étant absolument néces-saires à former toutes les gammes d'après leur modèle, sont regar-dés comme *Constitutifs*, ils établissent et font reconnaître le ton prédominant, on doit les observer pendant tout le cours d'un mor-ceau de musique, à moins toutefois qu'on ne rencontre de nou-veaux signes regardés dans ce cas comme *Accidentels*, et qui viennent détruire pour quelque temps l'effet des premiers.

D. Les diézes et les bémols sont ils les seuls signes d'altération qu'on mette à la clef?

R. Sans doute; puisque les bécarres ne sont jamais employés, qu'accidentellement.

D. N'y a t'il pas certains tons dans le mode majeur et certains tons dans le mode mineur qui portent un nombre égal de signes d'altération à la clef?

R. Sans doute; puisque les bécarres ne sont jamais employés qu'accidentellement.

D. N'y a t'il pas certains tons dans le mode majeur et certains tons dans le mode mineur qui portent un nombre égal de signes d'altération à la clef?

R. Ce sont les tons appellés *Tons relatifs*, chaque ton ou gamme ma-jeure a son ton relatif mineur, et par la même raison chaque ton ou gamme mineure a son ton relatif majeur.

D. Tracez moi un tableau où se trouvent toutes les gammes majeures avec diézes ou avec bémols, en indiquant le ton relatif mineur de chacune d'elles et en plaçant à la clef les signes d'altération nécessaires pour les rendre semblables à leur modèle la gamme d'ut.

R. Dans ce tableau les *Toniques* des tons relatifs mineurs seront représentés par des *Brèves*.

GAMMES.

Dans le *MODE MAJEUR* avec *DIÈZES*.

GAMMES.

Dans le *MODE MAJEUR* avec *BÉMOLS*.

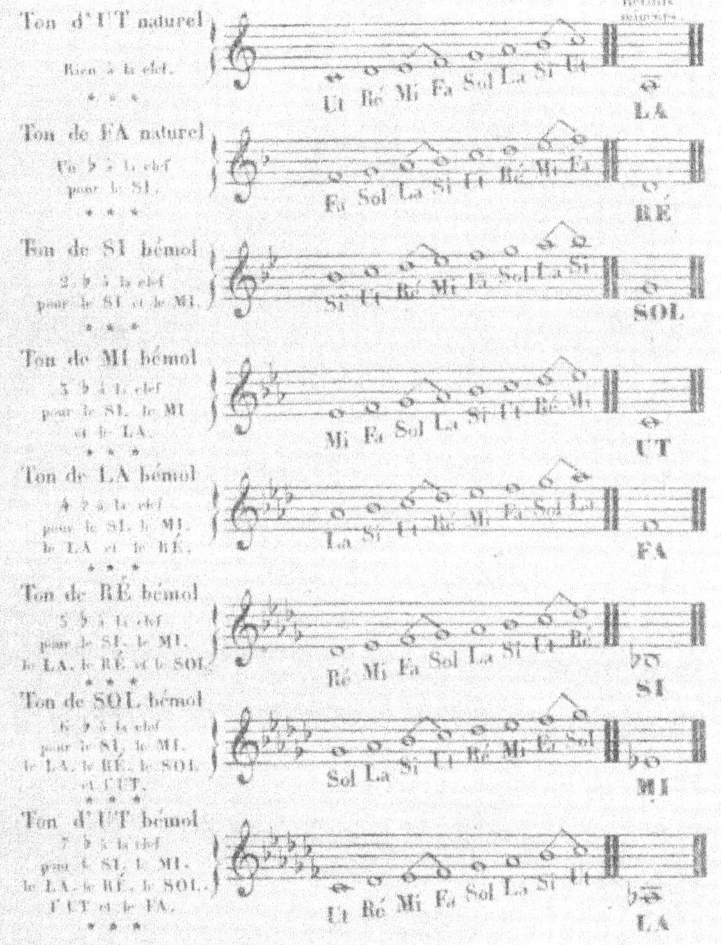

D. Tracez-moi un second tableau où soient indiquées toutes les gam-

mes mineures avec leurs tons relatifs majeurs ainsi que le nombre de diezes ou de bémols qu'elles ont à la clef comme aussi de leurs signes accidentels?

R. Comme dans le précédent, les *Toniques* des tons relatifs majeurs seront désignées par des *Brèves.*

GAMMES.

Dans le *MODE MINEUR avec DIÈZES.*

GAMMES.

Dans le MODE MINEUR avec BÉMOLS.

D. En jettant un rapide coup d'œil sur les signes d'altération placés à la clef, peut on reconnaître sûrement le ton dans lequel on est?

R. Oui, si l'on se souvient que la tonique d'un ton majeur avec diézes est un dégré au dessus du dernier diéze, et celle d'un ton mineur un dégré au dessous.

D. Et si au lieu de diézes il y a des bémols à la clef?

R. L'avant dernier étant posé sur la portée à l'endroit où l'on rencontre la tonique d'un ton majeur, indique le nom de cette tonique; quant à celle d'un ton mineur avec bémols on la trouve en montant trois dégrés au dessus du dernier bémol.

D. Comment reconnaître aussi le ton relatif?

R. En descendant trois dégrés à partir de la tonique d'un ton majeur on arrive à celle du ton relatif mineur; et, en montant pareillement trois dégrés à partir de la tonique d'un ton mineur on arrive à celle d'un ton relatif majeur.

D. Comment savoir positivement si l'on est dans le mode majeur?

R. En s'assurant que le premier demi ton se trouve du 3me au 4me dégré.

D. Enfin comment distinguer si l'on est dans le mode mineur?

R. Par le premier demi-ton qui doit toujours être entre le 2me et le 3me dégré et par le signe d'altération placé devant le 7me dégré ou *Sensible*.

CHAPITRE VII.

D. Nous savons que tous les intervalles ne sont pas de la même espèce; que, par exemple, dans la gamme naturelle d'Ut, du 1er dégré UT au 2me RÉ, il y a un ton, tandis que du 3me MI au 4me FA il n'y a qu'un demi ton, si donc l'on voulait que ces intervalles échangeassent leur grandeur réciproque ou bien qu'ils fussent tous de la même nature comment ferait-on?

R. On pourrait diminuer les uns ou aggrandir les autres au moyen de certains signes appelés *Signes d'altération*.

D. Dites où ces signes se placent, comment ils se nomment et à quoi sert chacun en particulier?

R. Ils se placent devant les notes la note de chaque degré peut recevoir un signe d'altération ... Celui qui sert à la hausser d'un demi ton s'appelle DIÈZE ♯.

Celui qui la baisse d'un demi ton s'appelle BÉMOL ♭.

Enfin celui qui détruit l'effet de tous les deux et rend à la note sa position naturelle s'appelle BECARRE ♮.

On fait aussi usage du *Double_dieze* 𝄪 pour hausser la note de deux demi _tons et du *Double_bemol* 𝄫 pour la baisser d'autant.

D. D'après cela qu'y aurait il à faire en supposant que l'on voulût avoir un demi _ton seulement entre le 1ᵉʳ degré UT, et le 2ᵐᵉ RÉ?

R. On mettrait un bémol devant le RÉ ou un dièze devant l'UT, ce qui changerait aussitôt la nature de l'intervalle.

D. Et si l'on désirait avoir un ton du 3ᵐᵉ degré au 4ᵐᵉ?

R. On emploierait le dièze qui hausserait le FA d'un demi ton c'est en procédant de la sorte que l'on varie la qualité des intervalles.

D. Quel nom a reçu une Gamme ascendante et descendante de demi _tons obtenue par l'emploi des dièzes et des bémols?

R. Celui de GAMME CHROMATIQUE.

D. Donnez un exemple?

Dans cet exemple on observera que le MI et le SI n'ont pas été haussés en montant et qu'en descendant il n'a pas été nécessaire de hausser l'UT et le FA par la raison qu'entre ces dégrés et ceux qui leur succèdent immédiatement il y a seulement un demi _ton.

D. Comment désigne t'on les notes devant lesquelles des signes d'altération ont été placées?

En ajoutant aux leurs les nom de ces signes d'altération ainsi on dit: UT DIÈZE, UT DOUBLE DIÈZE, RE BÉMOL, RE DOUBLE BÉMOL UT BECARRE, RE BECARRE etc: etc:

CHAPITRE VIII.

D. La différence des gammes dans le mode majeur avec celles dans le mode mineur étant suffisamment établie par la position de leurs demi-tons, il faut nécessairement qu'il y ait exacte similitude entre toutes les gammes de même espèce; et vous avez du remarquer dans le dernier tableau que celles dont les toniques se trouvent sur le 2.me 3.me 4.me 5.me 6.me et 7me dégrés ne sont pas conformes à celle d'ut qui a sa tonique sur le 1.er degré et qui est la gamme modèle, en un mot le type de toutes les gammes dans le mode majeur?

R. J'ai observé en effet que les demi-tons de la gamme commençant par RÉ sont placés entre le 2me et le 3me dégré et entre le 6me et le 7me au lieu qu'ils auraient du l'être entre le 3me et le 4me et entre le 7me et le 8me celle là ainsi que les suivantes ne sont donc pas semblables à la gamme modèle d'ut.

D. Comment remédier à cette imperfection et faire une bonne gamme dans le mode majeur en commençant par d'autres dégrés que par le premier?

R. En se servant des dièzes et des bémols pour remettre les tons et demi-tons dans l'ordre de leur succession primitive.

D. Donnez un exemple pour mieux faire comprendre ce que vous venez de dire?

R. Je prendrai la gamme qui a RÉ pour tonique.

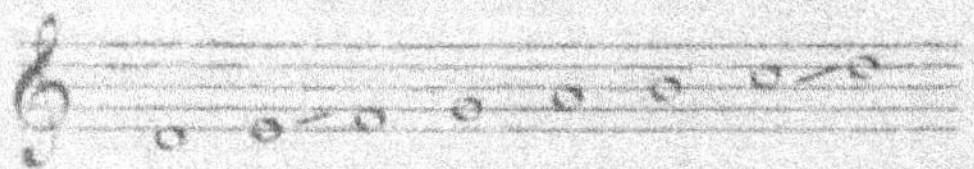

Je hausserai au moyen du dièze le FA et l'UT.

à présent les intervalles du MI au FA et du SI à l'UT qui étaient auparavant des demi-tons seront aggrandi à proportion de ce que

les intervalles du FA au SOL et du SI à l'UT seront diminués; de
telle sorte que les demi-tons seront rétablis entre le 3ᵐᵉ et le
4ᵐᵉ degré et entre le 7ᵐᵉ et le 8ᵐᵉ la gamme de RÉ aurait donc
les qualités d'une véritable gamme majeure puisqu'elle sera exactement conforme à son modèle, la gamme d'UT.

D. N'emploie t'on que les diézes pour former des gammes dans
le mode majeur?

R. On emploie également des bémols celle qui a FA pour tonique
en fournit l'exemple.

Par l'analyse de cette Gamme on verra qu'un demi-ton seulement est déplacé. C'est celui qui au lieu d'être entre le 3ᵐᵉ et le
4ᵐᵉ degré se trouve entre le 4ᵐᵉ et le 5ᵐᵉ en descendant le Si par un
Bémol on lui fera reprendre la place qui lui appartient.

La même opération se pratique tantôt au moyen des diézes
tantôt au moyen des bémols pour les gammes qui commencent
par d'autres degrés.

D. Les Gammes dans le mode majeur ayant une Gamme modèle, on peut présumer que les gammes dans le mode mineur en
ont une aussi?

R. Oui, et sa tonique est LA

Modèle des gammes mineures.

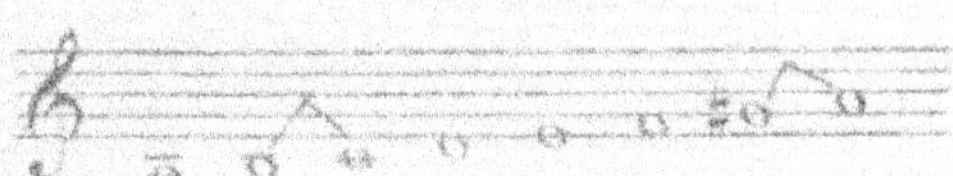

D. Avez vous remarqué dans cette gamme modèle ce qui consti-
tue véritablement une gamme dans le mode mineur?

R . Oui, j'ai remarqué que le premier demi-ton y occupe la place voulue c'est à dire qu'il se trouve entre le 2me et le 3me dégré.

D . Quel moyen emploie t'on pour construire une gamme de la même espèce d'après ce modèle?

R . On a encore recours aux dièzes et aux bémols.

CHAPITRE IX.

D . On peut reconnaître par les différents caractères qui servent à les représenter, les valeurs respectives des notes, mais a-t'on la possibilité de comprendre un nombre déterminé de ces mêmes valeurs dans une certaine unité de temps se reproduisant à intervalles réguliers?

R . C'est par la MESURE qu'en obtient ce résultat, c'est elle qui régle le partage égal de la durée des notes et donne à chacune une valeur positive.

D . Comment indiquer avec clarté que tel ou tel nombre de valeurs doit appartenir à une certaine unité de temps?

R . Au moyen de *barres verticales* appelées BARRES DE MESURE, placés de distance en distance sur la portée, et entre lesquelles sont renfermés les valeurs de notes l'espace d'une barre à l'autre prend le nom de MESURE.

Ex: 

D . Un unité de temps peut elle se diviser?

R . Oui, en *deux, trois* ou même *quatre parties.*

D . Comment nomme t'on ces parties?

R . *Temps principaux* de la mesure.

D . Toutes les valeurs de notes peuvent elles être regardées comme temps principaux?

R . Presque toutes les valeurs de notes peuvent être regardées comme temps principaux mais il est de rigueur qu'elles soient de la même nature.

D. A-t-on un moyen d'annoncer la valeur de note des temps principaux et quel nombre s'en trouve dans la mesure?

R. Pour cela on place au dessous l'un de l'autre deux chiffres à la clef après les signes d'altération s'il y en a.

D. A quoi sert le chiffre inférieur?

R. A faire connaître la valeur de note des temps principaux.

D. Et le chiffre supérieur?

R. A en faire connaître le nombre.

D. Donnez des exemples?

R.  ou $\frac{3}{2}$ ou $\frac{3}{8}$ etc.

D. Qu'est ce que *Battre la mesure?*

R. L'action de marquer par des mouvements réguliers le nombre des temps principaux d'une mesure. C'est ordinairement la main qui fait cette indication.

D. N'arrive t'il pas presque toujours qu'en exécutant une mesure on établit sans y songer une distinction véritable entre ses temps principaux?

R. C'est l'effet de l'accentuation qui consiste à appuyer sur les uns (qui sont alors les *Temps forts*) et à ne faire sentir que légèrement les autres (qui sont les *Temps faibles*)

D. Vous allez faire connaître à présent toutes les différentes sortes de mesures en indiquant le nombre de leurs temps forts et de leurs temps faibles?

R. Il y a des mesures qui n'ont qu'un temps fort et d'autres qui en ont plusieurs.

D. Qu'elles sont celles qui n'ont qu'un temps fort?

R. Celles qui n'ont qu'un temps fort se divisent en mesures paires et en mesures impaires. Les premières ont deux temps, l'un fort, l'autre faible, comme

ou ¢ ou $\frac{2}{2}$ ou $\frac{2}{8}$ etc.

D. Comment se battent les mesures à *Deux temps?*

R. Par un premier mouvement en baissant et par un second en levant

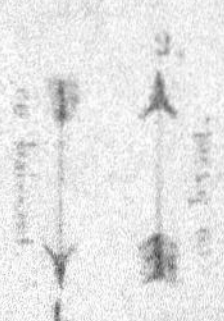

D. Combien de temps principaux ont les mesures impaires?

R. Trois: un fort et deux faibles.

D. Comment se battent les mesures à *trois temps?*

R. Par un premier mouvement en baissant, par un second, dirigé à droite et par un troisième en levant

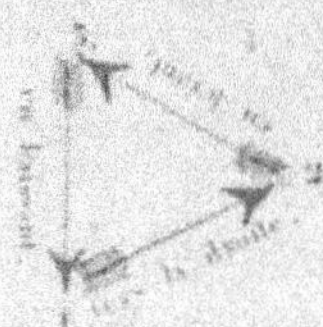

D. N'y a-t-il pas d'autres mesures paires et impaires composées et dérivées des précédentes?

R. Dans les mesures paires dérivées on compte celles à *Quatre temps* à *Six temps* et à *Douze temps.*

D. Analysez les mesures à *Quatre temps?*

R. Ces mesures se composent de deux mesures à *Deux temps*, on trouve par conséquent dans chacune d'elles deux temps forts et deux faibles comme dans.

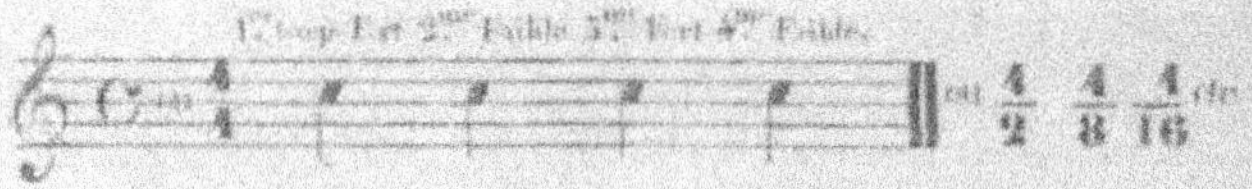

D. Comment se battent les mesures à *Quatre temps?*

R. Par un premier mouvement en baissant, par un deuxième dirigé à gauche, par un troisième dirigé à droite et par un quatrième en levant.

EXEMPLE.

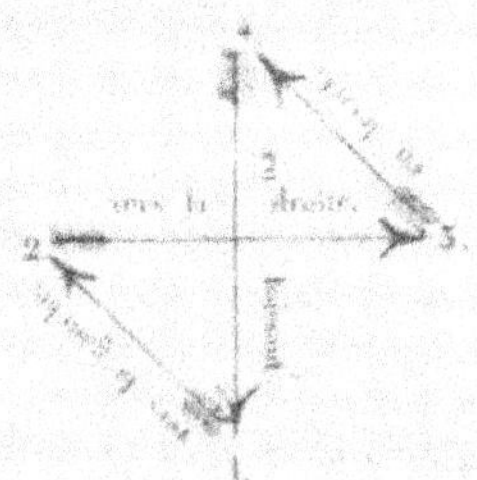

D. Analisez les mesures à *Six-temps*?

R. Elles se composent évidemment de deux mesures à trois-temps; elles
ont le 1.er et le 4.me temps forts et tous les autres faibles, comme dans

D. Comment se battent les mesures à *Six-temps*?

R. De même que celles à deux-temps.

D. Analysez les mesures à *douze-temps*?

R. Les mesures à douze-temps se composent de quatre mesures à
trois-temps; elles ont donc quatre temps forts et huit faibles.

D. Comment se battent les mesures à *Douze-temps*?

R. Comme celles à quatre-temps.

D. Combien y a-t-il de mesures composées et derivées impaires?

R. Il n'y a que celles à *Neuf-temps*.

D. Faites en l'analyse?

R. Les mesures à neuf-temps se composent de trois mesures à trois-temps
leurs temps forts sont au nombre de 3, et leurs temps faibles au nombre de 6. Voici quelques unes de ces mesures

D. Comment se battent les mesures a *Neuf temps?*

R. De même que celles a *Trois temps?*

D. N'y a-t-il pas une remarque à faire touchant les différentes mesures que vous venez d'analiser pour éviter de les confondre avec
celles dont elles dérivent?

R. De tous les temps forts c'est le premier qui reçoit le plus distinctement l'accentuation.

D. L'accentuation n'est elle jamais déplacée?

R. Si, elle est déplacée lorsque dans une même émission de son, un
temps faible se réunit à un temps fort, dans ce cas la valeur de
durée du temps faible est augmentée, et celle du temps fort est au
contraire très courte, c'est alors la première qui prédomine.

D. Comment désigne t'on cette irrégularité?

R. On la désigne sous le nom de *Syncope*

D. Donnez quelques exemples?

D. La mesure peut elle subir quelques interruption?

R. Oui, on peut s'arrêter tout à coup un certain temps sur une valeur quelconque de note ou de silence.

D. De quelle manière s'indique cette interruption?

R. Par le signe qui se figure ainsi ⌢ et qui se nomme point
d'orgue.

D. Donnez un exemple de l'emploi du point d'orgue?

D. Pour faire à la mesure toute régularité n'a t'on pas d'autres in-
dications

R. L'usage est encore de se servir de quelques termes italiens tels
que ceux-ci *Senza tempo* sans mesure *a Piacere* à volonté *Col-
la parte* avec la partie principale.

D. Que fait on pour détruire l'effet de ces altérations de la mesure?

R. On emploie les mots *a Tempo* en mesure.

CHAPITRE X.

D. Qu'entend-on par mouvement?

R. Le dégré de lenteur ou de vitesse donné à la mesure pendant le cours d'un morceau de musique.

D. Y a-t'il beaucoup de mouvements différents?

R. Il y en a trois bien accentués.

D. Quels sont-ils?

R. Le LENT, le MODÉRÉ et le VIF.

D. Je croyais cependant qu'ils étaient en plus grand nombre?

R. Oui, mais les autres ne sont que des modifications de ceux que je viens de nommer.

D. Comment savoir à peu près quel est le mouvement adopté?

R. Par un terme italien qui est placé en tête du morceau de musique.

D. Donnez moi la liste des termes italiens les plus usités pour indiquer les différents mouvements et leurs modifications, en ajoutant en regard la signification de chacun d'eux: d'abord

Pour le mouvement lent

R. Largo.   qui signifie Large, très lent.

Larghetto. —— Un peu moins lent.

Lento. —— Lent.

Adagio. —— Moins que lent.

D. Ensuite pour le mouvement *Modéré?*

R. Andantino. qui signifie D'un mouvement moins décidé que celui d'andante.

Andante. —— Allant avec modération.

Moderato. —— Modéré.

D. Enfin pour le mouvement *Vif?*

R. Allegretto. qui signifie Plus vif que moderato.

Allegro. —— Gai, animé et assez vif.

Vivace. —— Vif.

Presto. —— D'un mouvement rapide.

Prestissimo. —— En pressant le plus possible.

Vivacissimo. —— idem.

D. Le mouvement lui même quoiqu'ayant un caractère décidé peut-
il recevoir quelques altérations dans le courant du morceau de musique?

R. Selon sa nature et la volonté du compositeur ou de l'exécutant
il peut être pressé ou ralenti.

D. Quels sont les termes qu'on emploie pour le presser?

R. Accelerando .... En accélérant.

  Più moto .... Avec plus de mouvement.

  Stretto .... En serrant.

D. Et pour le ralentir?

R. Rallentando .... En ralentissant.

  Ritardendo .... En retardant.

D. D'autres termes lorsqu'ils se joignent aux précédents ne viennent-
ils pas fournir de nouvelles nuances?

R. Ce sont les mots *Molto*-Beaucoup; *Assai* (qui a plus de force
que molto) *Non troppo*-Pas trop; *Quasi*-Presque.

CHAPITRE XI.

D. Qu'appèle t'on ORNEMENTS en musique?

R. De petites notes de goût qui n'ont aucune valeur par elles mêmes
mais qui en empruntent une passagère aux notes principales aux-
quelles elles se joignent elles ne comptent pas dans la mesure et
s'exécutent d'ordinaire assez rapidement.

D. Quels sont les différents genres d'ornements les plus usités?

R. *L'appoggiature* le *Brisé* ou *Groupetto* et le *Trille*.

D. Qu'est ce que *L'appoggiature?*

R. Une petite note qui se place devant une note principale dont elle
emprunte une partie de la valeur. Tantôt on glisse légèrement sur
l'appoggiature comme dans cet exemple.

Tantôt on la fait sentir plus fortement comme dans celui-ci.

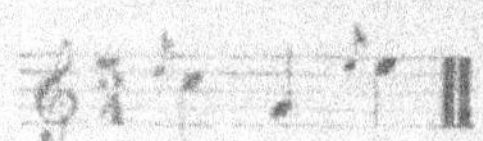

D. Une note principale n'est elle pas aussi précédée quelque fois de deux petites notes?

R. Oui, elle est précédée de deux petites notes quand l'appogiature est double

D. Donnez un exemple?

R. L'appogiature double 

D. Qu'est ce que le *Brise* ou *Groupetto?*

R. Un groupe ascendant ou descendant de petites notes dont la première est un dégré au dessus ou au dessous de la note principale la seconde a l'unisson et la dernière un dégré au dessous ou au dessus son exécution ne doit pas être trop précipitée dans les mouvements lents

D. Quel est le signe abréviatif employé pour représenter le *Groupetto?*

R. Celui-ci ∾ qui se place habituellement au dessus de la note principale ainsi qu'il est démontré dans cet exemple:

D. Si l'une des notes du *Groupetto* devait recevoir un signe d'altération de qu'elle manière l'indiquerait-on?

R. On mettrait le signe d'altération au dessus du signe abréviatif s'il était pour la note supérieure; au dessous s'il était pour la note inférieure et au dessus et au dessous si toutes les deux devaient en avoir un, voici d'ailleurs des exemples.

D. Qu'est ce que le *Trille?*

R. La répétion alternative dans le plus grand dégré de vitesse d'une note principale avec la note voisine supérieure

D. Comment indique t'on le *Trille?*

R. Par les lettres *tr* ou par le signe ∾ quand il n'a pas une longue durée lorsqu'il continue pendant plusieurs valeurs de notes on trace une ligne de cette manière ∾∾∾∾∾∾∾∾∾ jusqu'à l'endroit où il se termine. À la fin du Trille on ajoute très souvent de petites notes qui ne sont pas toujours indiquées mais qui facilitent l'arrivée à une note principale.

D. Donnez un exemple?

R. 

CHAPITRE XII.

D. En quoi consiste ce qu'on appelle *Expression* en musique?

R. Dans l'art de varier les effets d'un morceau de musique par différentes nuances qui conviennent à son caractère particulier.

D. Quelles sont les nuances employées le plus fréquemment?

R. Il y en a plusieurs. Mais en premier lieu je vous parlerai du *Légato* et du *Staccato*.

D. Qu'est-ce que le *Légato?*

R. C'est une manière particulière d'exécuter les notes en les liant le plus possible soit deux par deux, soit trois par trois etc. On peut même lier toute une succession de notes.

D. De quel signe se sert on pour indiquer le *Légato?*

R. De celui-ci appelé *Coulé* et qui surmonte toutes les notes qu'on doit lier.

D. Qu'y a-t-il à observer lorsque les notes sont liées deux par deux, trois par trois et quatre par quatre?

R. Qu'il faut qu'on appuye un peu sur la première.

D. En quoi consiste le *Staccato?*

R. Le staccato est l'opposé du legato et, naturellement, consiste à détacher les notes une par une très distinctement.

D. Comment l'indique t'on?

R. Par des points dont les différentes formes déterminent autant de nuances dans son exécution lorsque les points sont alongés comme dans cet exemple ♪♪♪ on détache les notes avec fermeté et lorsqu'ils sont ronds comme dans celui-ci ♪♪♪ on les détache avec délicatesse et légereté.

D. N'ajoute t-on pas quelquefois un coulé au points de forme ronde?

R. Oui, comme dans cet exemple ♪♪♪ mais il en résulte une nuance ou l'effet du staccato est peu sensible.

D. Faites connaitre les autres modifications et la manière de les representer?

R. On les indique par les termes Italiens que voici et qui sont le plus souvent marqués en abrégé

TERMES ITALIENS.	Leurs ABBRÉVIATIONS.	Leurs SIGNIFICATIONS.
Forte.	*f*	Fort.
Mezzo-forte.	*mf*	Modérement fort.
Forte-piano.	*fp*	La 1ʳᵉ note fort la 2ᵉ faible
Rinforzando.	*rf*	En renforçant.
Sforzando.	*sf*	En forçant.
Crescendo (se représente aussi par le signe ⸺)	*Cres.*	En croissant.
Fortissimo.	*ff*	Très fort.
{ Decrescendo (se représente	*Decres.* }	
Diminuendo. (aussi par le signe ⸺)	*Dimin.* }	En diminuant.
Dolce.	*Dol.*	Doux.
Piano.	*p*	Faible.
Pianissimo.	*pp*	Très faible.
{ Perdendozi.	{ *Perdend.*	{ En affaiblissant autant
Smorzando.	*Smorz.*	que possible de manière
Morendo.	*Morend.*	et à ce que le son se perde insensiblement.

D. N'y a t'il que ces termes?

R. Il y en a encore d'autres mais qui déterminent plutôt le caractère

d'un passage d'assez longue durée ou même de tout un morceau de
musique.

D. Citez en quelques uns?

R. Termes italiens.   Leurs significations.

Maestoso .... Majestueux.

Affectuoso .... Affectueux.

Agitato .... Agité.

Animato .... Animé.

Amabile .... Aimable.

Con anima .... Avec âme.

Cantabile .... En chantant avec goût et expression.

Brillante .... Brillant.

Con moto .... Avec mouvement.

Con fuoco .... Avec feu.

Con brio .... Avec feu et éclat.

Con forza .... Avec force.

Con delicatezza etc .... Avec délicatesse etc.

CHAPITRE XIII.

D. Comment indique l'on dans certains passages d'un morceau de
musique la répétition de plusieurs valeurs de notes sans qu'il soit
nécessaire de les représenter toutes de nouveau?

R. Par des *Abréviations*.

D. Quelles sont les abréviations le plus communément en usage?

R. Celles-ci:

CHAPITRE XIV.

D. Que fait on pour indiquer la fin d'une partie d'un morceau de musique ou d'une de ses parties?

R. On tire deux barres verticales sur la portée.

D. Lorsqu'on vient d'exécuter une des parties d'un morceau de musique comment sait-on si l'on doit le répéter?

R. Par deux points placés en avant des barres.

Ex: 

D. Et quand c'est la partie suivante qu'on doit reprendre?

R. On en trouve semblablement deux après les barres.

Ex:

D. Enfin quand c'est l'une et l'autre?

R. Il y a deux points de chaque coté des barres.

Ex:

D. Il arrive lorsqu'on est obligé de jouer deux fois une partie qu'à la seconde on doive omettre plusieurs mesures et leur en substituer de nouvelles. Comment indique t'on ce changement?

R. De cette manière 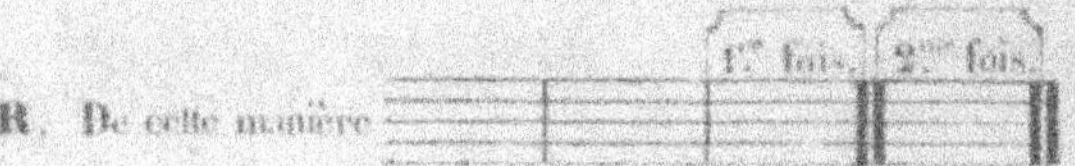

D. Après avoir exécuté en entier un morceau de musique, avant de le terminer souvent on en reprend une des parties; dans ce cas a-t-on le moyen de connaitre l'endroit où il faut qu'on recommence et celui où il faut qu'on s'arrête?

R. A la fin de la partie qu'on vient de jouer, un Signe de renvoi fait ainsi 𝄋 et accompagné des mots *Al segno* étant placé on cherchera un autre Signe qui lui est exactement semblable et qui est toujours en tête de la partie que l'on doit répéter. Le mot *Fine* désigne l'endroit où l'on s'arrête.

Ex:  al segno

D. A quoi servent les mots *Da capo?*

R. A faire connaitre qu'il faut reprendre tout au commencement du morceau.

D. Que signifient les expressions *Attacca subito* et *Volti subito* qu'on trouve quelquefois au bas d'une page de musique?

R. *Attacca subito* signifie: attaquez tout de suite; *Volti subito:* tournez de suite.

9 782329 244099